ÉPITRE

A

GEORGES SAND

PAR MADAME ***

———————

PARIS

1861

AU RETOUR D'UNE PROMENADE

DANS LA VALLÉE NOIRE

EN BERRI

Mai 1850.

I.

J'ai vu le blanc chemin qui borde ta maison,
De ses verts alentours j'ai foulé le gazon;
J'ai vu ces prés, ces champs, ces chemins creux, ces *traines*,
Où dans ton vol léger souvent tu nous entraînes;
Ces sentiers parfumés fuyant sous les ormeaux,
Ces chaumes, ces labours qu'animent tes pinceaux :
J'ai vu cette nature, et peuplé ces parages
De tes contes charmants; des naïves images

De Bénédict rêveur, assis dans les roseaux,
Regardant Valentine à travers leurs rameaux .
Endormie à demi sur le bord du rivage,
Il contemple dans l'eau son gracieux visage
Et ses chastes attraits par l'onde réfléchis :
Je les ai vus tous deux errer sous ces abris !
Bénédict, Valentine, aimables rêveries,
Doux parfums, doux rayons, éclos dans ces prairies,
Ah ! quand je joins vos noms à ces bords enchantés
Par la voix du génie et la brise apportés,
La nature pour moi s'empreint de plus de charmes,
Je partage vos feux, je m'émeus à vos larmes.

II.

O Georges Sand, reçois en ton brillant chemin
L'hommage si tardif de mon salut lointain !
Mais que t'importe à toi d'une femme inconnue
L'inutile salut..... dans la foule perdue ;
Elle vit solitaire au coin de son foyer,
Et puis d'un nom flatteur ne pouvant rien signer,

Sa timide pensée et sa sauvagerie
Retenaient de son cœur l'ardente sympathie :
Enfin, je prends mon vol pour monter jusqu'à toi ;
Va donc, feuille légère, ose parler pour moi.

III.

Le jour où j'écoutai ta parole éloquente,
Le jour où je sentis son aile frémissante
Secouer à mes yeux l'or de ses fictions,
Agiter mon esprit de ses illusions,
De connaître l'auteur de ces brûlantes pages,
De sa fraîche retraite entrevoir les ombrages
Témoins de ses travaux, témoins de ses loisirs,
Fut le rêve secret de mes jeunes désirs :
Car j'aimais son génie, et sa grande figure
Et le bruit de sa vie et son étrange allure.
Mais dans le vieux Berri lorsque je vins m'asseoir,
Quand aux rives de l'Indre, et près de son manoir,
Le destin imprévu me fit dresser ma tente
Au milieu d'un grand parc où le lierre serpente,

Où l'on n'entend de bruit que le chant des oiseaux,
Et celui de la brise à travers les bouleaux ;
Où l'on voit, sur un tertre ombragé de grands frênes,
S'élever fièrement et dominer les plaines
Un vieux château, séjour des seigneurs d'autrefois,
Ces puissants grands vassaux qui menaçaient les rois ;
Lorsque je parcourais ces tranquilles campagnes,
Ces grands prés, ces hameaux, si loin de mes montagnes ;
Qu'avide de saisir parmi cet horizon
Une trace de pas, une parole, un son,
Un geste, un seul regard de la célèbre femme
Qui répand sur ces lieux le reflet de son âme ;
Lorsque tous mes désirs m'entraînaient vers Nohant,
Les orages de l'air, les nuages du temps,
Le trouble des saisons, les froides méfiances
En ces jours agités de crainte et de souffrances,
Et des événements le cours précipité
Enchaînaient de mes pas la douce liberté.
Et cependant autour de l'enceinte fermée
Que le ciel était pur, la nature embaumée !
Pastorale oasis, malgré les bruits méchants,

Tu t'épanouissais dans le calme des champs.
Tu paraissais riante, et, comme un ermitage,
Asile de l'étude ignoré de l'orage,
Où l'esprit en travail, fécondant son sillon,
Se prépare en silence une riche moisson.

IV.

La maison, comme un nid caché dans le feuillage,
Cherche à se dérober aux regards du village :
Sur l'ardoise d'azur le soleil radieux
Semblait avec amour y répandre ses feux ;
Des rosiers, des lilas la coquette ramure
L'entourait du rideau de sa double ceinture ;
L'œil ne peut pénétrer ces ombrages épais
D'où paraît s'exhaler une si douce paix !
L'air était attiédi par les brises nouvelles ;
Voletant sur le toit, les noires hirondelles,
De leur joyeux babil, présage de bonheur,
Égayaient la maison, réjouissaient le cœur,
Par troupe, s'attachaient à ses corniches blanches,

Y maçonnaient leur nid, puis s'envolaient aux branches :
Heureux petits oiseaux, comme il m'eût semblé doux
Dans ces lieux retirés d'habiter avec vous !...
Et c'est en vain qu'errant autour de sa demeure,
Tandis que je cherchais à surprendre son heure,
Je ralentis mes pas, j'attachai mon regard
A ces jaloux massifs, mystérieux rempart,
A la persienne close, au verger solitaire,
Aux grilles de la cour, à la verte lisière
De talus gazonnés qui, fermant le jardin,
En défendent l'entrée aux passants du chemin.

V.

Et je me retirai toute émue et rêveuse,
Le cœur plein de regrets, et cependant heureuse
D'avoir pu rafraîchir ma pensée un instant
Parmi les fleurs, les prés, les arbres de Nohant.
Cent fois en m'en allant je retournai la tête
Pour regarder encore de sa maison le faîte,
Pour saluer encor ces doux horizons bleus,

Ce ciel d'où ne pouvaient se détacher mes yeux;
Et je disais tout bas : Adieu, divin poëte,
Que mes yeux n'ont pu voir et que mon cœur regrette,
Ah ! comme ton génie apparaîtrait plus pur
Si tu le dépouillais d'un alliage impur;
Que n'as-tu donc toujours, ami de la nature,
Épanché les couleurs de ta fraîche peinture
Dans l'antique Berri? Retirée à l'écart,
Du sophisme insensé détournant ton regard,
Tressé, loin des cités, les fleurs d'une couronne
Qui sied mieux à ton front qu'un casque de Bellone :
Crois-moi, ne brigue pas de nom plus glorieux
Que celui d'un poëte aux accents chaleureux.
Muse, n'échange pas ta champêtre parure
Tes rustiques pipeaux pour l'acier d'une armure;
A ce vent orageux des révolutions,
A sa rafale ardente, ivre de passions,
Ah ! ne va pas flétrir ton front ceint de verdure,
Et souiller de tes pieds la légère chaussure
Dans cette lie amère, indigne de tes pas,
Dans ces flots en courroux qui s'agitent si bas!...

Ne prête pas ta voix, ta voix grande et sonore,
Aux clameurs des partis dont la main déshonore ;
Comme l'oiseau des bois, reste sur les hauteurs
De l'agreste Berri pour chanter les douceurs ;
Redis-nous de ses bords les pentes parfumées,
Redis-nous de son ciel les vapeurs bien-aimées ;
Parle-nous de son sol et de ses frais hameaux,
Fais-nous suivre avec toi le courant de ses eaux ;
Montre-nous ses vallons, montre-nous ses herbages,
Enivre-nous d'amour pour tous ses paysages,
Nous peignant tour à tour l'humble toit du pasteur,
Et l'antique castel du féodal seigneur,
Les grottes, les rochers, les forêts, les varennes
Et les sentiers couverts, et les claires fontaines,
Les étangs argentés où boivent les troupeaux,
Et les saules touffus penchés sur les ruisseaux.

VI.

Car, Berri, je t'aimais avec tes chaumes grises,
Avec tes vieilles tours dans la bruyère assises ;

De tes grands bois profonds j'aimais les demi-jours,
J'aimais suivre en rêvant leurs plus ombreux détours.
J'aimais le morne aspect de tes sauvages brandes
Qui s'étendent si loin et paraissent si grandes !...
On y voit l'infini flotter sous le regard,
Et la nature inculte étend de toute part
Un brun tapis d'ajoncs, de plantes aux bras rudes
Que secoue en passant le vent des solitudes.
Elles ont du désert ce silence sans fin
Que n'ont jamais troublé les rumeurs du chemin.
Il faut voir le soleil se coucher sur ces plaines,
Son crépuscule d'or sur leurs ombres lointaines,
Tous ces rayons en haut, et ces ombres en bas,
Beautés que l'on savoure et qu'on ne décrit pas !
Ces rougeâtres reflets d'un immense incendie
Qui viennent embraser la bruyère jaunie,
Ces nuages obscurs avec des filets d'or
Que, même disparus, le regard voit encor,
Cet horizon pourpré qui se perd dans la nue
Et qui semble du ciel la sublime avenue.
Oui, leur mélancolie à l'âme fait du bien;

On se sent loin du monde et l'on n'entend plus rien !
Plus rien, que l'âpre cri de l'oiseau de passage
Égaré par hasard dans ces lieux sans ombrage,
Plus rien, que l'âpre son du vent qui vient courir
A travers les genêts et qui les fait gémir !
Ah ! cette austérité me plaisait davantage
Que le bruit et l'éclat d'un plus riche rivage.

Mais en quittant la brande et ses ajoncs brumeux
D'imprévus horizons nous ravissent les yeux :
Ce sont des champs semés de mille fleurs coquettes,
Les bluets à côté des blanches pâquerettes ;
Les brillants bassins d'or, les fiers coquelicots
Festonnent leur guirlande à travers les enclos;
Profusion de fleurs, et de gras pâturages,
Des fermes, des vergers, des bœufs, des attelages ;
Ces grands bœufs tant aimés du fermier berrichon,
Ces grands rois de l'étable et de la fenaison,
Ils s'avancent ainsi qu'un grave patriarche,
Au regard pacifique, à la lente démarche,

Décorant de leur port et de leur majesté
Le vallon abritant leur tranquille beauté.

VII.

Entendez-vous au loin l'écho d'une musette?
Quelque maître sonneur charmant quelque *Brulette*?
De la fête du jour, c'est le cornemuseur,
Le héros du village et le savant flûteur :
Sous l'ormeau séculaire on l'entoure, on s'empresse,
En grand nombre on accourt, — quelle heureuse jeunesse,
Avide de plaisir ! — c'est la vie au printemps ;
Bergers et laboureurs, tout le peuple des champs.
Chaque couple s'unit ; — c'est la folle bourrée,
Des filles du pays, danse tant adorée !
Elle frémit, s'enlève en tourbillons joyeux,
Retombe et puis s'élance en bonds impétueux :
La terre retentit au coup de sa cadence ;
Les sauvages ébats de cette folle danse,
Et sa ronde entraînante et ses trépignements
Agitent l'air du bruit de leurs chocs frémissants.

Plus loin, je vois passer une grêle fillette,
Errant le long des bois, — la petite *Fadette*,
Ce lutin au bon cœur, la voyez-vous là-bas,
Qui d'un marmot chétif embarrasse ses pas?...
Hier, pauvre *grelet*, demain, belle charmeuse;
Elle appelle l'amour, et l'amour, fille heureuse!...
Accourt en subissant le charme de sa voix,
Et le vilain *grelet* devient rose des bois.
Puis d'un autre côté, c'est le groupe enchanteur
D'une jeune bergère et d'un fin laboureur.

Dirai-je rien de toi, figure de Madone,
Toi, petite Marie, et si sage et si bonne,
Gardant tes trois moutons au bord du communal
Et dans ta pauvreté toujours le cœur égal?
Cette scène de nuit, ce feu sous les grands chênes,
Ce brouillard si rampant, et qui se colle aux plaines,
Ce rustique repas, par tes soins apprêté,
Petit-Pierre endormi, dans ta cape porté,
La grise qui s'enfuit, ayant brisé ses rênes;
Germain, assis vers toi, te confiant ses peines,

Interrogeant ton cœur!... puis, dans tes bras soudain,
Son enfant qui s'éveille en disant qu'il a faim ;
Sa prière du soir mot à mot répétée,
La lueur du brasier, dans l'ombre projetée,
La flamme qui pétille éclairant ce tableau,
Ta main sur tes genoux, préparant un berceau,
Puis l'enfant qui s'endort et murmure à son père :
« C'est Marie, entends-tu, que je veux pour ma mère ? »
Non, je n'essaierai pas de retracer ces traits,
Ces nuances du cœur, ces délicats portraits,
Cette touche puissante et pleine de richesse,
Ces mots naïfs, rendus avec tant de finesse.
Eh! pourrais-je opposer de mes vers la pâleur
A ces riants tableaux éclatants de couleur,
A ces récits puisés aux sources de Virgile,
Urne de poésie, épanchant son idylle
Dans la forêt sacrée, où les muses, le soir,
Vont remplir d'un feu pur leur divin encensoir?
Châteaubrun, Gargilesse, et toi, noire vallée,
Dans un feuillage épais, des cités isolée,
Ruines de Crozan, tourelles, vieux châteaux,

Assis sur les penchants des verdoyants coteaux,
Frais enclos, doux contours, campagnes ignorées,
Si vos noms sont aimés, vos rives célébrées,
Écoutez retentir ce luth mélodieux...
C'est l'ami de vos champs; conteur ingénieux,
Il remplit vos vallons d'attrayantes chimères :
Et ses rêves féconds, enfants imaginaires,
S'animant à son geste, accourant à sa voix
De prestiges touchants embellissent vos bois.
Quand la harpe à la main tu parcours ces prairies;
O muse ! verse-nous des flots de mélodies.

VIII.

Nous étions à ce mois où dans chaque sillon
L'on voit poindre et verdir l'espoir de la moisson ;
De ce mois radieux, éprouvant la puissance,
Notre âme se ranime à sa douce influence,
Elle renaît avec ces nouvelles splendeurs,
Elle aspire à longs traits d'enivrantes vapeurs ;
Et c'était à cette heure où le soleil décline,

Où l'ombre en s'avançant vers la plaine s'incline,
Où le chien du pasteur réunit les troupeaux
Et mène les brebis retrouver leurs agneaux :
A l'heure où la nature est pleine de mystère,
Où tout se tait parmi les buissons, les fougères,
Où le ciel, revêtant d'ineffables couleurs,
Nous fait rêver de Dieu les sublimes grandeurs.
D'un océan de feu le firmament se dore,
D'un solennel aspect l'espace se colore ;
En descendant des monts, en courant sur les fleurs,
L'air apporte en passant de suaves odeurs ;
Le cœur se sent pressé d'un besoin de prière ;
L'esprit s'élève au ciel sur des flots de lumière,
S'épure au souffle saint de la Divinité
Qui se révèle à lui par tant de majesté.
Tout s'émeut et tout aime en notre âme attendrie,
Par ce vague du soir charmée et recueillie.
O Dieu de la nature ! ô roi de l'univers,
De mon esprit ravi reçois les saints concerts !
Mon Dieu, que ta nature est un doux livre à lire !
J'y vois tant de beautés que je ne saurais dire !...

Toute jeune j'aimais à monter, à m'asseoir
Sur la crête des monts, espérant mieux t'y voir,
Éprise de silence et de mélancolie
J'y rêvais de bonheur, j'y rêvais d'harmonie,
J'aspirais je ne sais quel air du paradis,
Les vents, la terre et l'eau me paraissaient bénis,
Et j'entendais chanter des voix intérieures ;
Ainsi pour moi fuyait le vol léger des heures,
Car pour s'épanouir l'âme, comme la fleur,
A besoin de rayons, d'air pur et de fraîcheur.

IX.

Mais, Georges Sand, il manque une corde à ta lyre ;
Quand seule dans la nuit elle chante et soupire,
Ne sens-tu pas un vide au fond de ton grand cœur ?
Est-il rassasié par ta gloire d'auteur ?
De ce culte sacré qui charma ton enfance
Te charme-t-elle encor la divine croyance ?
Aux douteuses lueurs de l'humaine raison
Préfères-tu l'éclat de son divin rayon ;

Ce souverain rayon qu'aucune ombre n'efface,
Dont rien ne peut ternir la lumineuse trace?
Ni des vents d'ici-bas les souffles orageux,
Ni l'épaisse vapeur de nos sillons fangeux,
Ni les fausses clartés que le siècle déploie,
Que le temps en fuyant sous son aile reploie,
Ni les âges nombreux passés sur ton berceau
Ne t'ont pas fait pâlir, astre toujours nouveau !
Te jouant de l'éclat de tous leurs météores,
De leurs rêves dorés, aux si courtes aurores;
Te jouant du nuage et de l'obscurité,
Tu resplendis toujours comme la vérité.
Vérité, vérité, qui donc pourrait te nuire?
Est-ce l'homme, qui sait à peine se conduire?
A la triste clarté de son pâle flambeau
Eh ! pourrait-il sans crainte arborer le drapeau
D'un astre mensonger, d'un impuissant système,
Et, ne croyant à rien, oser croire à lui-même?
Avons-nous des secrets pour guérir les douleurs,
Des dictames puissants pour verser sur nos pleurs?
A quel flot irions-nous puiser cette eau limpide,

Pour étancher la soif de notre cœur aride ?...
Serait-ce donc, hélas! au mirage trompeur
D'une source perfide à l'ombrage imposteur ?
Comme dans les déserts, une île fugitive
Offre à l'homme altéré la fraîcheur de sa rive ;
Au moment de l'atteindre, il voit s'évanouir
Le breuvage enchanté que sa main croit saisir.
Laisse les songes vains de la philosophie,
Écueil de la raison où sombre le génie !
Que de faux arguments par ta plume parés,
Flatteurs trop dangereux des peuples enivrés,
Ne mêlent pas l'ivraie à l'or pur de ton style,
Qu'à l'erreur tes écrits n'offrent pas un asile !
Ah ! si Dieu t'a touché de son souffle divin,
Auteur, rends-lui les dons que t'a versés sa main.

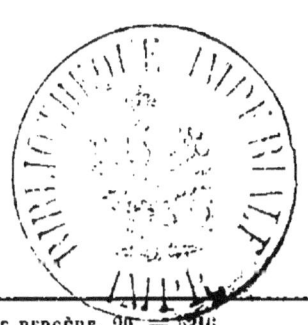

www.ingramcontent.com/pod-product-compliance
Lightning Source LLC
Chambersburg PA
CBHW071424060426
42450CB00009BA/2008